# Baby Book

## シュタイフ
## テディベアとなかまたち
# 赤ちゃんノート

Photo

SHOGAKUKAN

# 🍀 たんじょう前の記録 🍀

出産予定日　　　年　　　月　　　日

月　　　日（　　週目）

月　　　日（　　週目）

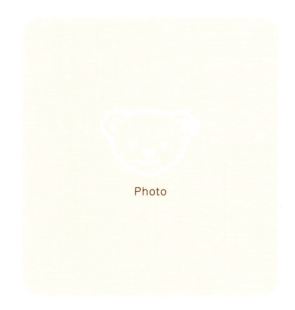

🍀 **あなたに出会うまで** おなかの赤ちゃんのようすや、赤ちゃんを待つあいだのことを書きましょう。

**お母さんの気持ち**

**お父さんの気持ち**

# おたんじょう　おめでとう！

Photo
赤ちゃんの写真をはりましょう。

| | |
|---|---|
| 生まれた日 | 　　　　年　　　月　　　日（　　曜日） |
| 時間 | 午前　・　午後　　　　時　　　　分 |
| 天気 | |
| 生まれた場所 | |
| お医者さん・助産師さん | |

# 名　前

名前を付けた人、名前にこめた思いなどを書きましょう。

## 生まれたときの記録

| 体重 | g | 身長 | cm |
| --- | --- | --- | --- |
| 胸囲 | cm | 頭囲 | cm |

## 生まれたときのようす

# かわいい手と足

別の紙に赤ちゃんの手形と足形をとってはりましょう。

**手形**

年　　月　　日

生後　　か月　　日

**足形**

年　　月　　日

生後　　か月　　日

## みんなからの お祝い

お祝いをくださった方　　　　　　　　いただいたもの

# ようこそ　わが家へ

Photo

おうちで撮った写真をはりましょう。

　　　　　年　　　月　　　日（　　曜日）

　　　　　　　　　　ちゃんのようす

家のようす

 家族のしょうかい

Photo
家族写真をはりましょう。

✲ お父さん

(　　　歳)

✲

(　　　歳)

✲

(　　　歳)

✲

(　　　歳)

✲ お母さん

(　　　歳)

✲

(　　　歳)

✲

(　　　歳)

# 生まれたころはこんな世の中でした

空らんには自由に書きましょう。

**大きなできごと**

**ベストセラーの本**

**ヒットした曲**

**テレビの人気番組**

**流行語**

**ヒットした映画**

生まれた日の新聞などをはりましょう。

## 1か月目のようす

最初の1か月で赤ちゃんはめまぐるしく成長します。1週間ごとに赤ちゃんのようすやお母さんの気持ちを書きましょう。

Photo

毎月、同じぬいぐるみなど、大きさが変わらないものといっしょに写真を撮ると、赤ちゃんの成長がよくわかります。

　　年　　　月　　　日 撮影

### 1週目

### 2週目

## 3週目

| ___月___日の _____ ちゃん |||
|---|---|
| ある1日を選んで書きましょう。 ||
| 午前 | 午後 |
| 0 | 0 |
| 1 | 1 |
| 2 | 2 |
| 3 | 3 |
| 4 | 4 |
| 5 | 5 |
| 6 | 6 |
| 7 | 7 |
| 8 | 8 |
| 9 | 9 |
| 10 | 10 |
| 11 | 11 |

## 4週目

成長の記録　(　　　月　　　日)

体重　　　　　g　　身長　　　　　cm

## お宮参り

赤ちゃんが生まれたことを氏神さまに報告し、健やかな成長をいのります。

Photo

　　　年　　　月　　　日（　　曜日）天気

場所

その日のようす

## 2か月目のようす

生まれた日と同じ日付に書くのがおすすめです。

---
---
---
---
---

おぼえておきたいことや気持ち

---
---
---

### はじめて！

「笑った」「○○した」など、この時期にはじめたことを書きましょう。

---
---
---

成長の記録　（　　月　　　日）

体重　　　　　g　　身長　　　　　cm

Photo

毎月、同じぬいぐるみなど、大きさが変わらないものといっしょに写真を撮ると、赤ちゃんの成長がよくわかります。

年　　月　　日 撮影

____月____日の_____ちゃん

ある1日を選んで書きましょう。

| 午前 | 午後 |
|---|---|
| 0 | 0 |
| 1 | 1 |
| 2 | 2 |
| 3 | 3 |
| 4 | 4 |
| 5 | 5 |
| 6 | 6 |
| 7 | 7 |
| 8 | 8 |
| 9 | 9 |
| 10 | 10 |
| 11 | 11 |

## 3か月目のようす

生まれた日と同じ日付に書くのがおすすめです。

Photo

毎月、同じぬいぐるみなど、大きさが変わらないものといっしょに写真を撮ると、赤ちゃんの成長がよくわかります。

　　年　　　月　　　日　撮影

___月___日の_____ちゃん

ある1日を選んで書きましょう。

| 午前 | 午後 |
| --- | --- |
| 0 | 0 |
| 1 | 1 |
| 2 | 2 |
| 3 | 3 |
| 4 | 4 |
| 5 | 5 |
| 6 | 6 |
| 7 | 7 |
| 8 | 8 |
| 9 | 9 |
| 10 | 10 |
| 11 | 11 |

おぼえておきたいことや気持ち

**はじめて！** この時期にはじめたことを書きましょう。

成長の記録　（　　　月　　　日）

体重　　　　　g　　身長　　　　　cm

# お食い初め

赤ちゃんが一生食べものにこまらないようにとの願いをこめて、
食事のまねをさせるお祝いの儀式。

Photo

　　　　　　年　　　　月　　　　日（　　曜日）天気

場所

料理

その日のようす

## 4か月目のようす

生まれた日と同じ日付に書くのがおすすめです。

Photo

毎月、同じぬいぐるみなど、大きさが変わらないものといっしょに写真を撮ると、赤ちゃんの成長がよくわかります。

年　　月　　日　撮影

___月___日の_____ちゃん

ある1日を選んで書きましょう。

| 午前 | 午後 |
| --- | --- |
| 0 | 0 |
| 1 | 1 |
| 2 | 2 |
| 3 | 3 |
| 4 | 4 |
| 5 | 5 |
| 6 | 6 |
| 7 | 7 |
| 8 | 8 |
| 9 | 9 |
| 10 | 10 |
| 11 | 11 |

おぼえておきたいことや気持ち

**はじめて！**　この時期にはじめたことを書きましょう。

成長の記録　（　　　月　　　日）

体重　　　　　g　　身長　　　　　cm

## 5か月目のようす

生まれた日と同じ日付に書くのがおすすめです。

Photo

毎月、同じぬいぐるみなど、大きさが変わらないものといっしょに写真を撮ると、赤ちゃんの成長がよくわかります。

年　　月　　日 撮影

おぼえておきたいことや気持ち

___月___日の_____ちゃん

ある1日を選んで書きましょう。

| 午前 | 午後 |
|---|---|
| 0 | 0 |
| 1 | 1 |
| 2 | 2 |
| 3 | 3 |
| 4 | 4 |
| 5 | 5 |
| 6 | 6 |
| 7 | 7 |
| 8 | 8 |
| 9 | 9 |
| 10 | 10 |
| 11 | 11 |

**はじめて！** この時期にはじめたことを書きましょう。

成長の記録 （　　月　　日）

体重　　　g　　身長　　　cm

## 6か月目のようす

生まれた日と同じ日付に書くのがおすすめです。

Photo

毎月、同じぬいぐるみなど、大きさが変わらないものといっしょに写真を撮ると、赤ちゃんの成長がよくわかります。

年　　月　　日　撮影

___月___日の_____ちゃん

ある1日を選んで書きましょう。

| 午前 | 午後 |
|---|---|
| 0 | 0 |
| 1 | 1 |
| 2 | 2 |
| 3 | 3 |
| 4 | 4 |
| 5 | 5 |
| 6 | 6 |
| 7 | 7 |
| 8 | 8 |
| 9 | 9 |
| 10 | 10 |
| 11 | 11 |

おぼえておきたいことや気持ち

**はじめて！**　この時期にはじめたことを書きましょう。

成長の記録　（　　月　　日）

体重　　　　g　　身長　　　　cm

# 7か月目のようす

生まれた日と同じ日付に書くのがおすすめです。

Photo

毎月、同じぬいぐるみなど、大きさが変わらないものといっしょに写真を撮ると、赤ちゃんの成長がよくわかります。

　　年　　　月　　　日 撮影

おぼえておきたいことや気持ち

____ 月 ____ 日の _____ ちゃん

ある1日を選んで書きましょう。

| 午前 | 午後 |
|---|---|
| 0 | 0 |
| 1 | 1 |
| 2 | 2 |
| 3 | 3 |
| 4 | 4 |
| 5 | 5 |
| 6 | 6 |
| 7 | 7 |
| 8 | 8 |
| 9 | 9 |
| 10 | 10 |
| 11 | 11 |

はじめて！　この時期にはじめたことを書きましょう。

成長の記録　（　　　月　　　日）

体重　　　　　g　　身長　　　　　cm

## 8か月目のようす

生まれた日と同じ日付に書くのがおすすめです。

Photo

毎月、同じぬいぐるみなど、大きさが変わらないものといっしょに写真を撮ると、赤ちゃんの成長がよくわかります。

　　　年　　　月　　　日 撮影

____月____日の_____ちゃん

ある1日を選んで書きましょう。

| 午前 | 午後 |
| --- | --- |
| 0 | 0 |
| 1 | 1 |
| 2 | 2 |
| 3 | 3 |
| 4 | 4 |
| 5 | 5 |
| 6 | 6 |
| 7 | 7 |
| 8 | 8 |
| 9 | 9 |
| 10 | 10 |
| 11 | 11 |

おぼえておきたいことや気持ち

**はじめて！** この時期にはじめたことを書きましょう。

成長の記録　（　　　月　　　日）

体重　　　　　　g　　身長　　　　　　cm

## 9か月目のようす

生まれた日と同じ日付に書くのがおすすめです。

Photo

毎月、同じぬいぐるみなど、大きさが変わらないものといっしょに写真を撮ると、赤ちゃんの成長がよくわかります。

おぼえておきたいことや気持ち

年　　月　　日 撮影

___月___日の_____ちゃん

ある1日を選んで書きましょう。

| 午前 | 午後 |
|---|---|
| 0 | 0 |
| 1 | 1 |
| 2 | 2 |
| 3 | 3 |
| 4 | 4 |
| 5 | 5 |
| 6 | 6 |
| 7 | 7 |
| 8 | 8 |
| 9 | 9 |
| 10 | 10 |
| 11 | 11 |

はじめて！　この時期にはじめたことを書きましょう。

成長の記録　（　　月　　日）

体重　　　　g　　身長　　　　cm

## 10か月目のようす

生まれた日と同じ日付に書くのがおすすめです。

Photo

毎月、同じぬいぐるみなど、大きさが変わらないものといっしょに写真を撮ると、赤ちゃんの成長がよくわかります。

年　　月　　日　撮影

___月___日の_____ちゃん

ある1日を選んで書きましょう。

| 午前 | 午後 |
|---|---|
| 0 | 0 |
| 1 | 1 |
| 2 | 2 |
| 3 | 3 |
| 4 | 4 |
| 5 | 5 |
| 6 | 6 |
| 7 | 7 |
| 8 | 8 |
| 9 | 9 |
| 10 | 10 |
| 11 | 11 |

おぼえておきたいことや気持ち

**はじめて！** この時期にはじめたことを書きましょう。

成長の記録　（　　　月　　　日）

体重　　　　　g　　身長　　　　　cm

## 11か月目のようす

生まれた日と同じ日付に書くのがおすすめです。

_____
_____
_____
_____

おぼえておきたいことや気持ち

_____
_____
_____

**はじめて！** この時期にはじめたことを書きましょう。

_____
_____
_____

成長の記録 （　　月　　日）

体重　　　　　g　　身長　　　　　cm

Photo

毎月、同じぬいぐるみなど、大きさが変わらないものといっしょに写真を撮ると、赤ちゃんの成長がよくわかります。

　　年　　　月　　　日 撮影

____月____日の_____ちゃん

ある1日を選んで書きましょう。

| 午前 | 午後 |
| --- | --- |
| 0 | 0 |
| 1 | 1 |
| 2 | 2 |
| 3 | 3 |
| 4 | 4 |
| 5 | 5 |
| 6 | 6 |
| 7 | 7 |
| 8 | 8 |
| 9 | 9 |
| 10 | 10 |
| 11 | 11 |

## 12か月目のようす

生まれた日と同じ日付に書くのがおすすめです。

Photo

毎月、同じぬいぐるみなど、大きさが変わらないものといっしょに写真を撮ると、赤ちゃんの成長がよくわかります。

　　　年　　　月　　　日 撮影

___月___日の_____ちゃん

ある1日を選んで書きましょう。

| 午前 | 午後 |
|---|---|
| 0 | 0 |
| 1 | 1 |
| 2 | 2 |
| 3 | 3 |
| 4 | 4 |
| 5 | 5 |
| 6 | 6 |
| 7 | 7 |
| 8 | 8 |
| 9 | 9 |
| 10 | 10 |
| 11 | 11 |

おぼえておきたいことや気持ち

**はじめて！** この時期にはじめたことを書きましょう。

成長の記録　（　　　月　　　日）

体重　　　　　　g　　身長　　　　　　cm

# 1歳のおたんじょう日
# おめでとう！

Photo

1歳のたんじょう日の写真をはりましょう。

年　　　月　　　日（　　曜日）天気

お祝いしてくれた人

プレゼント

ごちそう

その日のようす

## 未来のあなたへ

### 1年をふりかえって

Photo
1歳のお気に入り写真を
はりましょう。

年　　月　　日　撮影

### 今のあなたはこんな子

性格

お父さんに似ているところ　　　　お母さんに似ているところ

## 小学生になったら どんな子になっているかな？

今から5〜6年後の小学生になったお子さんの姿を想像して、メッセージやイラストをかきましょう。

### いっしょにこんなことをしたいな！

お父さんより

お母さんより

## はじめてできた！

はじめてできた日のようすを書きましょう。
31ページの空らんには自由に書きましょう。

### あやすと笑いました
　　月　　　日

### ものをにぎりました
　　月　　　日

### 首がしっかりすわりました
　　月　　　日

### ねがえりをしました
　　月　　　日

### おすわりをしました
　　月　　　日

### 歯が生えました
　　月　　　日

### 離乳食をはじめました
　　月　　　日

### はいはいをしました
　　月　　　日

# 初節句（ひな祭り、端午の節句）

女の子は3月3日のひな祭り（桃の節句）に、
男の子は5月5日の端午の節句に、健やかな成長を祝います。

Photo

年　　　月　　　日　（　　曜日）　天気

場所

ごちそう

その日のようす

## 2歳のたんじょう日

このころの性格や、できるようになったこと、できごとなどを書きましょう。

身長　　　cm　　体重　　　kg

Photo

たんじょう日の写真を
はりましょう。

✻ すきな食べもの

✻ すきなあそび

✻

✻

空らんには、すきなおもちゃ、テレビ、アニメ、本、歌、場所など、自由に書きましょう。

## 3歳のたんじょう日

このころの性格や、できるようになったこと、できごとなどを書きましょう。

Photo
たんじょう日の写真をはりましょう。

身長　　　cm　　体重　　　kg

\* すきな食べもの

\* すきなあそび

\*

\*

空らんには、すきなおもちゃ、テレビ、アニメ、本、歌、場所など、自由に書きましょう。

## 4歳のたんじょう日

このころの性格や、できるようになったこと、できごとなどを書きましょう。

身長　　　cm　　体重　　　kg

Photo

たんじょう日の写真を
はりましょう。

✽すきな食べもの

✽すきなあそび

✽

✽

空らんには、すきなおもちゃ、テレビ、アニメ、本、歌、場所など、自由に書きましょう。

## 5歳のたんじょう日

このころの性格や、できるようになったこと、できごとなどを書きましょう。

身長　　　cm　　体重　　　kg

Photo
たんじょう日の写真を
はりましょう。

*すきな食べもの

*すきなあそび

\*

\*

空らんには、すきなおもちゃ、テレビ、アニメ、本、歌、場所など、自由に書きましょう。

## 6歳のたんじょう日

このころの性格や、できるようになったこと、できごとなどを書きましょう。

身長　　　cm　　体重　　　kg

Photo

たんじょう日の写真を
はりましょう。

❋すきな食べもの

❋すきなあそび

❋

❋

空らんには、すきなおもちゃ、テレビ、アニメ、本、歌、場所など、自由に書きましょう。

# 入学おめでとう！

Photo

入学式の写真をはりましょう。

　　年　　　月　　　日　　　　　　　　　　　　小学校に入学しました。

その日のようす

お父さんより

お母さんより

## 7歳のたんじょう日

このころの性格や、できるようになったこと、できごとなどを書きましょう。

身長　　　cm　　体重　　　　kg

Photo

たんじょう日の写真を
はりましょう。

✲ すきな食べもの

✲ すきなあそび

✲

✲

空らんには、すきなおもちゃ、テレビ、アニメ、本、歌、場所など、自由に書きましょう。

# 思い出のアルバム

季節の行事や旅行など、家族の思い出を記録しましょう。

　　　年　　　月　　　日

Photo

その日のようす

# 思い出のアルバム

季節の行事や旅行など、家族の思い出を記録しましょう。

年　　月　　日

Photo

その日のようす

# 思い出のアルバム

季節の行事や旅行など、家族の思い出を記録しましょう。

年　　　月　　　日

Photo

その日のようす

# 思い出のアルバム

季節の行事や旅行など、家族の思い出を記録しましょう。

年　　　月　　　日

Photo

その日のようす

# 思い出のアルバム

七五三の写真、お子さんのかいた絵、お祝いカード、産院でもらったプリントなど、とっておきたいものをはりましょう。

# 未来のあなたへ

20歳になったお子さんを想像して、メッセージを書きましょう。書く時期は自由です。
お子さんが10歳になったときや、小学校卒業などの節目に書くのもおすすめです。

## 20歳になった　　　　　　　　　　へ

Photo
メッセージを書いたころの
家族写真をはりましょう。

年　　月　　日 撮影

## 成人おめでとう！　　お子さんが20歳になったら書きましょう。

Photo

２０歳になったときの写真を
はりましょう。

年　　月　　日 撮影

## ……………………… ちゃんの年表

入園、入学、卒業、病気やけが、習いごと、受賞、引っ越し、旅行など、
誕生から20歳になるまでのおもなできごとを書きましょう。

| 年　月　日 | 年齢 | できごと |
|---|---|---|
| 年　　月　　日 | 0歳 | ちゃん誕生！ |
|  |  |  |
|  |  |  |
|  |  |  |
|  |  |  |
|  |  |  |
|  |  |  |
|  |  |  |
|  |  |  |
|  |  |  |
|  |  |  |
|  |  |  |
|  |  |  |
|  |  |  |
|  |  |  |
|  |  |  |
|  |  |  |
|  |  |  |
|  |  |  |
|  |  |  |

##  シュタイフ社とは

ドイツにある最も古い歴史を持つぬいぐるみメーカーです。1902年にテディベアを世界ではじめて発明した企業として知られ、現在は毎年500種類以上を生み出す世界最大規模の総合ぬいぐるみメーカーです。創業者マルガレーテ・シュタイフのモットー『子どもには最良のものこそふさわしい』を忠実に守り、厳しい基準を通ったぬいぐるみだけに付けることが許される左耳のボタンとタグ「ボタン・イン・イヤー」が最高品質の証として親しまれています。

[日本でシュタイフのテディベアたちに会える場所]

### シュタイフ青山
東京・青山通りにあるお店。
たくさんのぬいぐるみのほか、子ども服などがそろう。
電話　03-3404-1880
各地にあるシュタイフショップは公式サイトからお調べいただけます。
http://www.steiff.co.jp

### シュタイフ ディスカバリーウォーク
北海道新千歳空港ターミナルビル連絡施設2階。
ぬいぐるみと触れあえる開放感あるミュージアム施設。
電話　0123-45-8510（シュタイフ 新千歳空港店）

＊この本に掲載されているぬいぐるみについては、上記のショップへお問い合わせください。
営業時間などの情報は、ホームページなどで確認してください。

＊ぬいぐるみによっては、日本国内もしくは国外での販売が終了している場合があります。

---

シュタイフ
テディベアとなかまたち
**赤ちゃんノート**
2016年10月24日　初版第1刷発行

監修＊日本玩具文化財団
特別協力＊シュタイフ社

発行人＊柏原順太
発行所＊株式会社　小学館
〒101-8001
東京都千代田区一ツ橋2-3-1
電話　03-3230-5453（編集）
　　　03-5281-3555（販売）

印刷＊共同印刷株式会社
製本＊株式会社難波製本

デザイン＊ムロフシカエ
構成＊天辰陽子
撮影＊五十嵐美弥（P10-11,P32右,生地）
制作企画＊長島顕治
資材＊浦城朋子
制作＊池田　靖
販売＊根來大策
宣伝＊島田由紀
編集＊嶋津　睦
校閲＊小学館出版クォリティーセンター
　　　小学館クリエイティブ

©Margarete Steiff GmbH 2016
Printed in Japan
ISBN978-4-09-311418-9

＊造本には十分注意しておりますが、印刷、製本など製造上の不備がございましたら「制作局コールセンター」（フリーダイヤル0120-336-340）にご連絡ください。
（電話受付は、土・日・祝休日を除く9:30〜17:30）

＊本書の無断での複写（コピー）、上演、放送等の二次利用、翻案等は、著作権法上の例外を除き禁じられています。
本書の電子データ化などの無断複製は著作権法上の例外を除き禁じられています。代行業者等の第三者による本書の電子的複製も認められておりません。

＊このスペースには、写真や、お子さんがかいた絵をはったり、封筒をはって小物を入れたりすることができます。